Coleção Eu gosto m@is

Educação Musical

Volume 3 — Ensino Fundamental

Marta Deckert

Mestre em Educação (UFPR), especialista em Educação Musical e Regência de Coro Infantojuvenil (Escola de Música e Belas Artes do Paraná – Embap), bacharel em Música (Embap), Licenciada em Ciências Biológicas (Unoesc). Atua como professora na área de Educação Musical na Educação Infantil, Ensino Fundamental e Ensino Superior. Possui publicações de livros e artigos na área. Ministra palestras, cursos e oficinas para professores especialistas e não especialistas na área de música.

1ª edição
São Paulo
2013

COLEÇÃO EU GOSTO M@IS
Educação Musical – Volume 3
© IBEP, 2013

Diretor superintendente	Jorge Yunes
Diretora adjunta editorial	Célia de Assis
Assessora pedagógica	Valdeci Loch
Editores	Kelle Cristine da Silva
	Ricardo Soares
Revisão técnica	Juliana Gardusi
	Hélcio Hirao
	José Eduardo Bracco
Revisão	Juliana Bassichetti
	Lucy Myrian Chá
	Karina Danza
	Maria L. Favret
	Lucia Helena Ferreira
Coordenadora de arte	Karina Monteiro
Assistentes de arte	Marilia Vilela
	Nane Carvalho
Coordenadora de iconografia	Maria do Céu Pires Passuello
	Ana Claudia Dias
Assistentes de iconografia	Adriana Neves
	Simone da Costa Silva
	Wilson de Castilho
Produção gráfica	José Antônio Ferraz
Assistente de produção gráfica	Eliane M. M. Ferreira
Projeto gráfico	APIS – Design integrado
Diagramação	SG-Amarante Editorial
Ilustrações	Silmara Takazaki Egg
	Cide Gomes
	Hettore Santiago
Capa	APIS – Design integrado

CIP-BRASIL. CATALOGAÇÃO NA PUBLICAÇÃO
SINDICATO NACIONAL DOS EDITORES DE LIVROS, RJ

D348e

Deckert, Marta
  Eu gosto m@is Educação Musical Volume 3 / Marta Deckert. – 1. ed. – São Paulo : IBEP, 2013.
  48 p. : il. ; 28 cm. (Eu gosto m@is)

  ISBN 9788534237093 (mestre) / 9788534237048 (aluno)

  1. Música - Instrução e estudo (Ensino Fundamental). 2. Música na educação. I. Título. II. Série.

13-04097   CDD: 780.7
                                   CDU: 78(07)

15/08/2013   16/08/2013

1ª edição – São Paulo – 2013
Todos os direitos reservados

Av. Alexandre Mackenzie, 619 – Jaguaré
São Paulo – SP – 05322-000 – Brasil – Tel.: (11) 2799-7799
www.ibep-nacional.com.br   editoras@ibep-nacional.com.br

CTP, Impressão e Acabamento
IBEP Gráfica
42802

APRESENTAÇÃO

Querido aluno, querida aluna,

Quando ouvimos o som dos pássaros e o latido de um cachorro, percebemos que há uma diferença de altura entre eles. Geralmente os pássaros emitem sons agudos e os cachorros, sons mais graves.

As diferentes alturas, combinadas com o ritmo, formam a melodia de uma música. As notas musicais ganham vida com o nosso cantar e com o nosso tocar.

O presente livro, seu companheiro nesta etapa, irá explorar o aspecto melódico da música, o estudo da vida e da obra dos compositores Johann Sebastian Bach e Noel Rosa e a família à qual pertencem os instrumentos musicais.

Vamos juntos conhecer o mundo dos sons, o mundo da música...

Bom trabalho!

A AUTORA

SUMÁRIO

LIÇÃO		PÁGINA
1	Sons graves e agudos	5
2	A família das cordas	9
3	Johann Sebastian Bach	12
4	Os diferentes sons e as notas musicais	19
5	Como surgiu o nome das notas musicais	21
6	A direção do som	25
7	Revisando...	26
8	Altura dos sons	27
9	Ritmo e altura	29
10	Os instrumentos musicais	31
11	Noel Rosa	38
12	Intensidade musical	43
13	Músicas e brincadeiras do folclore infantil	47
	Referências	48
	Sugestões de leitura	48

Sons graves e agudos

Diariamente, ouvimos uma infinidade de sons em diferentes alturas. Quando falamos em altura nos referimos aos mais variados sons, tanto graves como agudos.

Quando ouvimos um trovão, por exemplo, ouvimos um som grave. Quando ouvimos o apito de um guarda de trânsito na rua, ouvimos um som agudo.

1 Represente, a seguir, sons que podemos ouvir em nosso dia a dia, em diferentes alturas:

2 Observe as imagens a seguir. Se pudéssemos ouvir os sons presentes nos lugares retratados, quais ouviríamos? Descreva-os.

Ambiente urbano.

_____

_____

Ambiente rural.

_____

_____

LIÇÃO 1

3 Você irá ouvir dois sons de cada vez. Registre os sons graves (G) e os agudos (A).

a) | 1 | 2 |

b) | 1 | 2 |

c) | 1 | 2 |

d) | 1 | 2 |

e) | 1 | 2 |

f) | 1 | 2 |

4 Em cada série ouvida, indique o som mais agudo pintando o quadro correspondente.

a) | 1 | 2 | 3 | 4 |

b) | 1 | 2 | 3 | 4 |

c) | 1 | 2 | 3 | 4 |

d) | 1 | 2 | 3 | 4 |

5 Você irá ouvir sequências de sons. Pinte, em cada uma, o som grave.

a) | 1 | 2 | 3 | 4 |

b) | 1 | 2 | 3 | 4 |

c) | 1 | 2 | 3 | 4 |

d) | 1 | 2 | 3 | 4 |

LIÇÃO 1

VAMOS BRINCAR

6 Vamos brincar com os sons agudos e graves?

a) Morto-vivo sonoro

Como brincar: você ouvirá diferentes sons. Quando forem agudos, ficará em pé; quando ouvir sons graves, ficará agachado. Sai da brincadeira aquele que errar.

b) Tecido musical

Como brincar: você terá um pedaço de tule ou um tipo de tecido bem leve.

1. Sopre no tecido e experimente até onde ele pode ir, para cima, para baixo, para o lado etc.

2. Solte o tecido e, enquanto ele cai, produza alguns sons, escolhendo uma letra do alfabeto ou sílaba de uma palavra.

3. Solte-o novamente e comece produzindo sons do agudo ao grave conforme ele cai no chão. Quanto mais perto do chão, mais grave o som.

LIÇÃO 2

A família das cordas

Todos nós pertencemos a uma família: pai, mãe, irmãos, avô, avó, tios, tias, primos etc. Cada pessoa de nossa família tem características diferentes umas das outras, um jeito diferente de ser.

Se pensarmos na voz que cada uma possui, perceberemos quanta diferença há. A voz do seu avô é igual à sua, que ainda é criança? A voz do seu pai ou tio é parecida com a de um primo? A resposta será: é diferente. As pessoas têm a voz diferente umas das outras, dependendo se a voz é de homem ou de mulher, se é de criança ou de adulto, se é de idoso ou de bebê.

Os instrumentos musicais também foram organizados em famílias e cada um deles possui "voz". Mas quando falamos dos instrumentos, dizemos que eles têm um timbre diferente e não uma "voz" diferente. Há instrumentos que produzem sons mais graves e outros que produzem sons mais agudos.

Na família das cordas também podemos observar isso.

Há vários instrumentos que servem para tocar tanto música erudita quanto música popular, dentre eles: violino, viola, violoncelo, contrabaixo, piano, harpa, violão, viola caipira, guitarra acústica, guitarra elétrica etc.

Vamos estudar quatro desses instrumentos: o violino, a viola, o violoncelo e o contrabaixo. São instrumentos semelhantes, porém diferem no tamanho e, como consequência, no som. Também é possível encontrar a seguinte definição: "pertencem à família dos instrumentos de arco". Procure ouvir o som de cada um deles.

Violino

Viola

Violoncelo

Contrabaixo

1. Você vai ouvir o som de diferentes instrumentos. Escreva o nome de cada um e se ele produz sons graves ou agudos.

a) [   ] Instrumento _____

b) [   ] Instrumento _____

c) [   ] Instrumento _____

d) [   ] Instrumento _____

e) [   ] Instrumento _____

f) [   ] Instrumento _____

2. Observe os instrumentos a seguir e responda às questões.

Violino

Viola

Violoncelo

Contrabaixo

a) Qual é a principal diferença que podemos observar entre os quatro instrumentos?

_____

LIÇÃO 2

b) Qual é a principal semelhança entre eles?
_____

c) Quanto ao som, que diferença há entre eles?
_____

d) Qual deles tem o som mais grave?
_____

e) Qual deles tem o som mais agudo?
_____

 **3** Ouça os sons dos instrumentos e numere-os de acordo com a sequência ouvida.

a) ☐ **b)** ☐

c) ☐ **d)** ☐

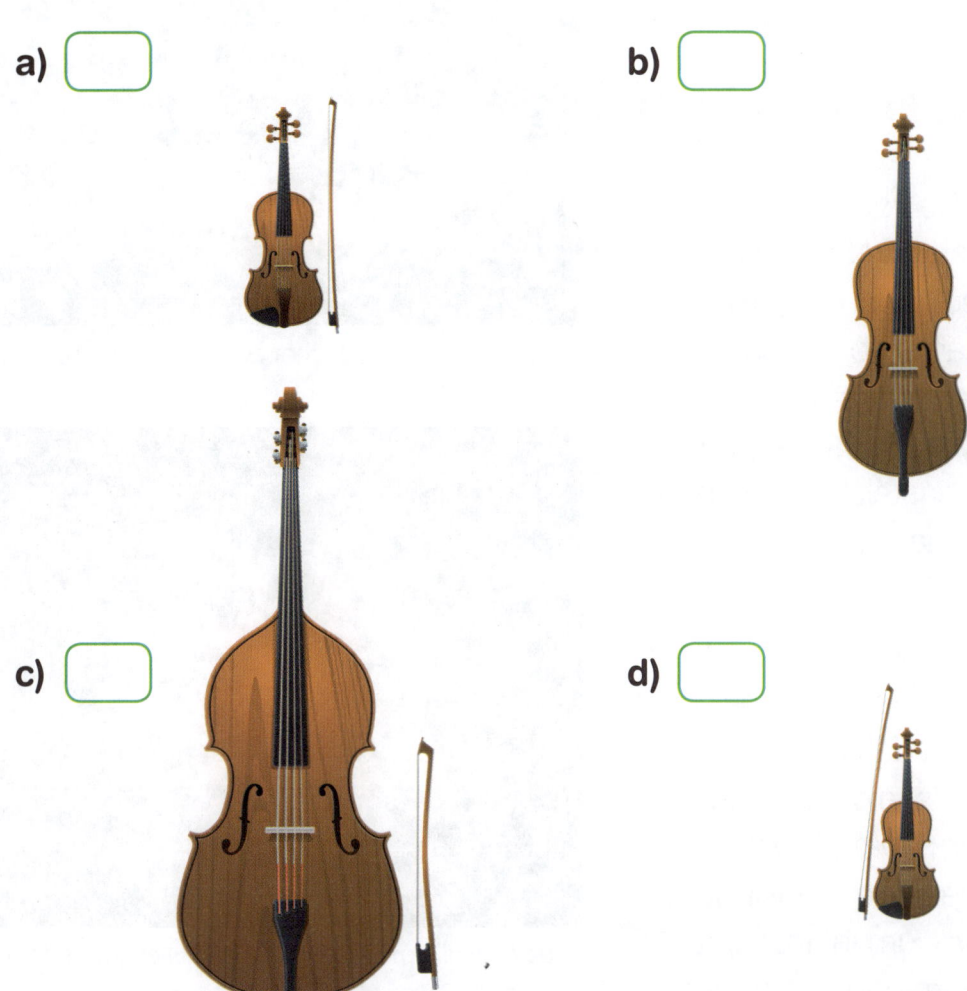

Ilustrações: Lamnee

LIÇÃO 2

LIÇÃO 3

Johann Sebastian Bach

Johann Sebastian Bach (detalhe). Elias Gottlob Haussmann, 1746. Óleo sobre tela, 61 cm × 78 cm.

Bach é um dos grandes compositores da música erudita. Seu nome completo é Johann Sebastian Bach. Ele nasceu na Alemanha, em 1685.

Era um tempo em que existiam reis, princesas, castelos, em que as mulheres usavam vestidos enormes e os homens usavam perucas brancas.

Castelo da dinastia Hohenzolern, Alemanha.

Naquela época, você acha que havia CD, TV ou MP3? Se você disse "não", acertou! Não existia nada disso. Quando havia baile, casamento ou festa, as pessoas chamavam os músicos para tocar. Algumas vezes, os castelos mantinham a sua própria orquestra.

O baile. William Hogarth, 1745. Óleo sobre tela, 68,5 × 90 cm.

Bach começou a aprender música quando tinha nove anos. Com o falecimento de seus pais, ele foi morar com seu irmão mais velho, Christopher, que o ensinou a tocar cravo, um instrumento bem comum naquela época.

Foi no cravo que Bach compôs suas primeiras músicas.

Aos dezoito anos, tornou-se organista em Arnstadt, cidade que fica na Alemanha.

Depois passou a trabalhar em vários lugares, nas funções de organista, diretor de orquestra, mestre-capela e diretor de música.

Cravo. Museu de Artes Aplicadas, Frankfurt (Alemanha).

Um dos órgãos tocados por Bach, na igreja de São Tomás, em Leipzig (Alemanha).

Bach escreveu centenas de músicas: para orquestra, orquestra e coro, órgão, violoncelo, cravo, violino. Eram músicas para igreja, para concertos, para festas em castelos...

São obras chamadas: *Concertos de Brandemburgo*, *Cravo bem temperado*, *Paixão segundo São Mateus*, prelúdios, fantasias e tocatas para órgão, suítes para violoncelo, concertos para violino e muito mais.

Coro cantando.

Partitura de *Cravo bem temperado*, 1722.

1 Numere os fatos de 1 a 5, na sequência em que ocorreram.

☐ Com dezoito anos, Bach tornou-se organista.

☐ Bach nasceu em 1685, na Alemanha.

☐ Escreveu várias obras, dentre elas, *Concertos de Brandemburgo*.

☐ Com nove anos de idade, foi morar com seu irmão Christopher.

☐ Aprendeu a tocar cravo com seu irmão.

2 Bach escreveu muitas músicas. Localize no caça-palavras alguns estilos de músicas que ele compôs. Veja no banco de palavras.

| cantata | tocata | suíte | fuga | minueto |
| prelúdio | fantasia | concertos | variações | |

L	B	T	A	Z	O	A	Q	W	R	X	T
I	C	A	N	T	A	T	A	J	S	A	S
P	R	E	R	U	A	O	R	E	U	D	F
R	M	D	P	H	S	C	A	I	Í	G	H
Á	I	M	R	D	T	A	R	V	T	W	R
E	N	F	E	K	U	T	S	A	E	K	L
P	U	R	L	O	J	A	E	F	U	G	A
S	E	D	Ú	F	T	W	Y	U	J	K	H
S	T	F	D	F	A	N	T	A	S	I	A
J	O	L	I	V	D	R	R	Y	J	K	G
Q	E	C	O	N	C	E	R	T	O	S	D
M	K	L	J	B	C	X	D	F	H	Y	S
F	V	A	R	I	A	Ç	Õ	E	S	F	J

LIÇÃO 3

3 Represente com desenhos a parte da história de Bach que você achou mais interessante.

4 O cravo, instrumento que existia na época de Bach, pode ser considerado o "pai" do piano moderno. Bartolomeu Cristofori, um construtor de cravo, transformou o modo de produzir som no cravo. Em vez de as teclas pinçarem as cordas, colocou martelinhos que batiam nas cordas. Assim, surgiu o primeiro piano.

Com o tempo, os compositores e músicos começaram a escrever suas obras para piano. Ouça o som produzido por esses dois instrumentos e compare a diferença.

Cravo

Piano

5 Ouça algumas das obras de Bach e marque um X os instrumentos que aparecem na música.

	violino	viola	violoncelo	contrabaixo	cravo	flauta	piano	coro
a)								
b)								
c)								
d)								

Ilustrações: Virinaflora / Lamnee / Tele52

6 Na época de Bach, o minueto, que é uma dança, fazia parte de uma obra maior chamada "suíte". Quando as pessoas iam a um baile, dançavam minueto, sarabanda, galharda e outras.

Ouça a música *Minueto em sol maior*, de Bach. Imagine que você deverá mostrar a outra pessoa o primeiro trecho da música, utilizando linhas e traços para fazer o gráfico dos primeiros oito sons.

16

LIÇÃO 3

Lembre-se: vamos primeiro cantar e fazer com a mão o movimento dos sons que "sobem" e dos sons que "descem".

7 Ouça novamente a melodia inicial e pinte, na sequência de círculos, a posição em que aparece:

a) a nota mais grave.

○ ○ ○ ○ ○ ○ ○ ○

b) a nota mais aguda.

○ ○ ○ ○ ○ ○ ○ ○

8 Veja a partitura da primeira parte da música *Minueto em sol maior*, de Bach, que você ouviu anteriormente. Pinte a linha melódica.

J. S. Bach

LIÇÃO 3

9 Bach escreveu músicas para várias ocasiões. Ouça duas obras dele e represente o local em que as pessoas as ouviram na época de Bach.

10 Ouça um trecho do *Concerto para piano em lá maior*, de Bach. Concerto é uma "conversa" entre um instrumento e a orquestra. A seguir, temos duas opções: piano e orquestra. Pinte, na sequência em que aparecem somente o piano, somente a orquestra ou os dois juntos.

PIANO	PIANO	PIANO	PIANO	PIANO	PIANO
ORQUESTRA	ORQUESTRA	ORQUESTRA	ORQUESTRA	ORQUESTRA	ORQUESTRA

LIÇÃO 3

LIÇÃO 4

Os diferentes sons e as notas musicais

A música é formada por diferentes sons, uns graves, outros agudos. Mas entre esses dois sons temos muitos outros. Ouça a música *Minha canção*, do disco e musical infantil *Os saltimbancos*.

Minha canção

Dorme a cidade
Resta um coração
Misterioso
Faz-se uma ilusão
Soletra um verso
Lavra a melodia
Singelamente
Dolorosamente

Doce é a música
Silenciosa
Larga meu peito
Solta-se no espaço
Faz-se a certeza
Minha canção
Réstia de luz onde
Dorme meu irmão.

Chico Buarque, *Os saltimbancos*, 1977.
Letra de Sérgio Bardotti e música de Luis Enríquez Bacalov.
Intérpretes: Miúcha, Nara Leão, Magro e Ruy.

1 Volte à letra da música. Observe as primeiras letras de cada verso. Pinte-as. Quais nomes que apareceram? Escreva-os a seguir.

_____

_____

2 Numere a sequência dos nomes das notas.

a) ☐ lá   d) ☐ mi   g) ☐ fá

b) ☐ sol   e) ☐ si   h) ☐ dó

c) ☐ ré   f) ☐ dó

19

3 Ouça o som das notas musicais. Imagine que enquanto cantamos subimos uma escada. Cada verso será um novo degrau. Represente como ficaria a música se a colocássemos em uma escada: a "escada dos sons".

4 Imagine a "escada dos sons". Chamamos de **ascendente** quando os sons começam no grave e caminham para o agudo, e de **descendente** quando começam no agudo e vão para o grave. Veja a seguir.

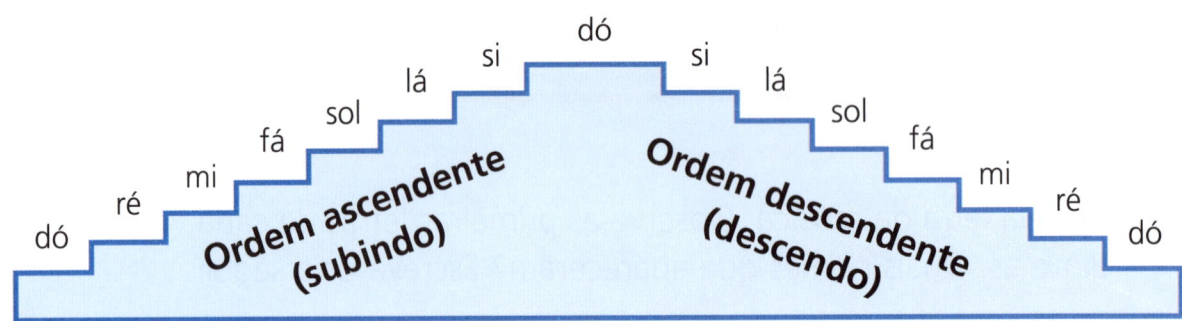

Agora, ouça no DVD a sequência de sons e indique se é ascendente ou descendente.

a) _____

b) _____

c) _____

d) _____

LIÇÃO 4

Como surgiu o nome das notas musicais

Um importante músico do século XI chamado Guido d'Arezzo foi quem deu nome aos sons musicais, às notas. Ele aproveitou a primeira sílaba de cada verso de um hino cantado a São João Batista por um coral de meninos daquela época.

> **UT** QUEANT LAXIS
> **RE**SONARE FIBRIS
> **MI**RA GESTORUM
> **FA**MULI TUORUM
> **SOL**VE POLLUTI
> **LA**BII REATUM
> **S**ANCTRE **I**OANNES
>
> Paolo Diacono, século VIII.

As notas musicais ficaram assim: UT, RÉ, MI, FÁ, SOL, LÁ e SI. A sílaba UT era difícil de ser cantada, por isso foi substituída por DÓ. O SI foi formado da primeira letra de SANCTRE e da primeira de IOANNES.

As notas musicais também podem ser nomeadas usando letras do alfabeto. Esse sistema teve início no século IX e é bastante utilizado nos Estados Unidos e em alguns países da Europa. A nomenclatura é:

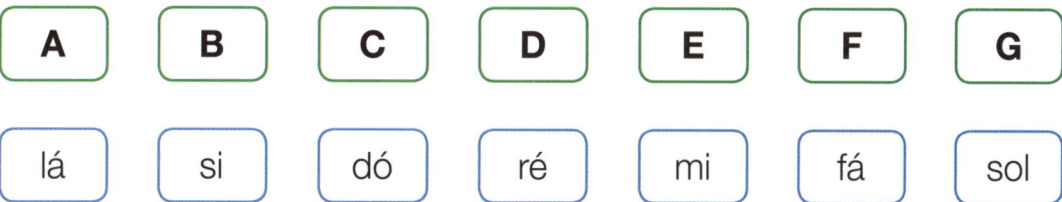

Em algumas músicas populares e em instrumentos como violão, guitarra e teclado são utilizadas as letras para indicar os acordes.

Observe a seguir a música *Boi da cara preta*, escrita com cifras para violão, e responda às questões.

>   G   D
> Boi, boi, boi, boi da cara preta.
>
>   C   D   G
> Pega esse menino que tem medo de careta
>
> Elce Pannain. *Evolução da teoria musical.*
> 1ª ed. São Paulo: Ricordi, 1975.

1 Na música *Boi da cara preta*, quais os nomes das notas correspondentes às letras da cifra?

G → _____

D → _____

C → _____

2 Escreva a letra correspondente ao nome da nota musical:

a) C → _____　　e) B → _____

b) F → _____　　f) D → _____

c) G → _____　　g) E → _____

d) A → _____

VAMOS BRINCAR

3 **Bingo das notas musicais.** Temos várias cartelas para jogar bingo. A cada rodada, escolha uma cartela diferente. O professor irá sortear o nome das notas e você irá marcar a letra correspondente.

CARTELA 1

F	A	E	C
D	G	B	E

CARTELA 2

G	E	B	C
A	C	F	D

CARTELA 3

D	B	F	E
G	A	C	A

4. Organize as notas musicais do som mais grave para o agudo e escreva o nome da nota e a letra correspondente.

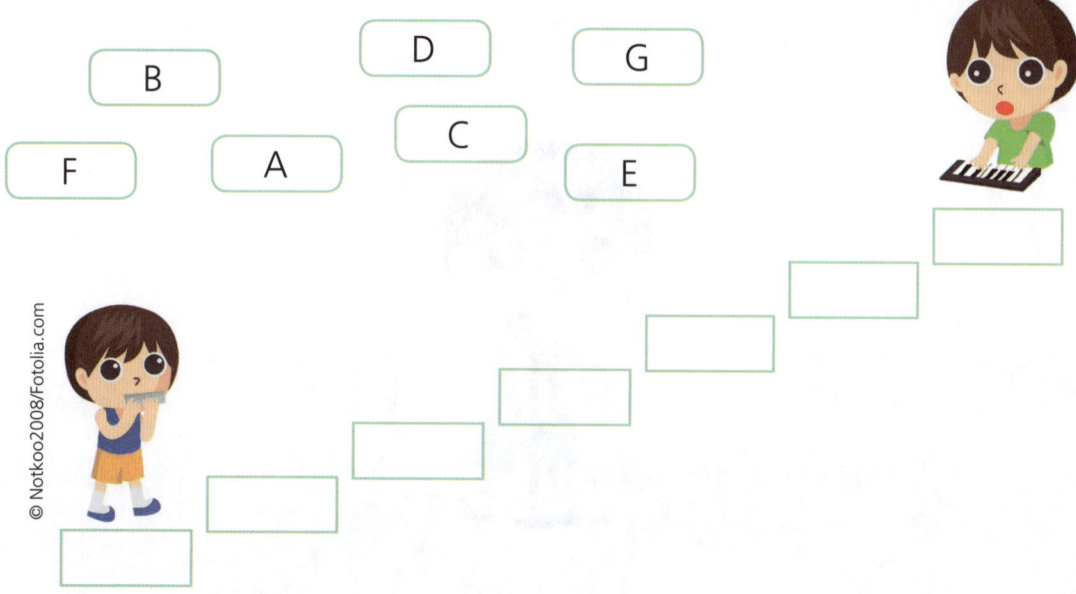

LIÇÃO 5

5 Você ouvirá dois sons, um grave e um agudo. Pinte os círculos indicando os sons ouvidos: o círculo de cima corresponde ao som agudo e o círculo de baixo corresponde ao som grave.

a) 1   2   b) 1   2
 ○ ○   ○ ○
 ○ ○   ○ ○

c) 1   2   d) 1   2
 ○ ○   ○ ○
 ○ ○   ○ ○

e) 1   2   f) 1   2
 ○ ○   ○ ○
 ○ ○   ○ ○

LIÇÃO 5

LIÇÃO 6

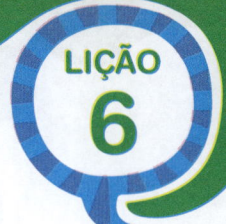

A direção do som

Ouça os sons e veja a representação que podemos fazer usando traços ou linhas.

Do grave para o agudo. | Do agudo para o grave. | Manter-se no mesmo som.

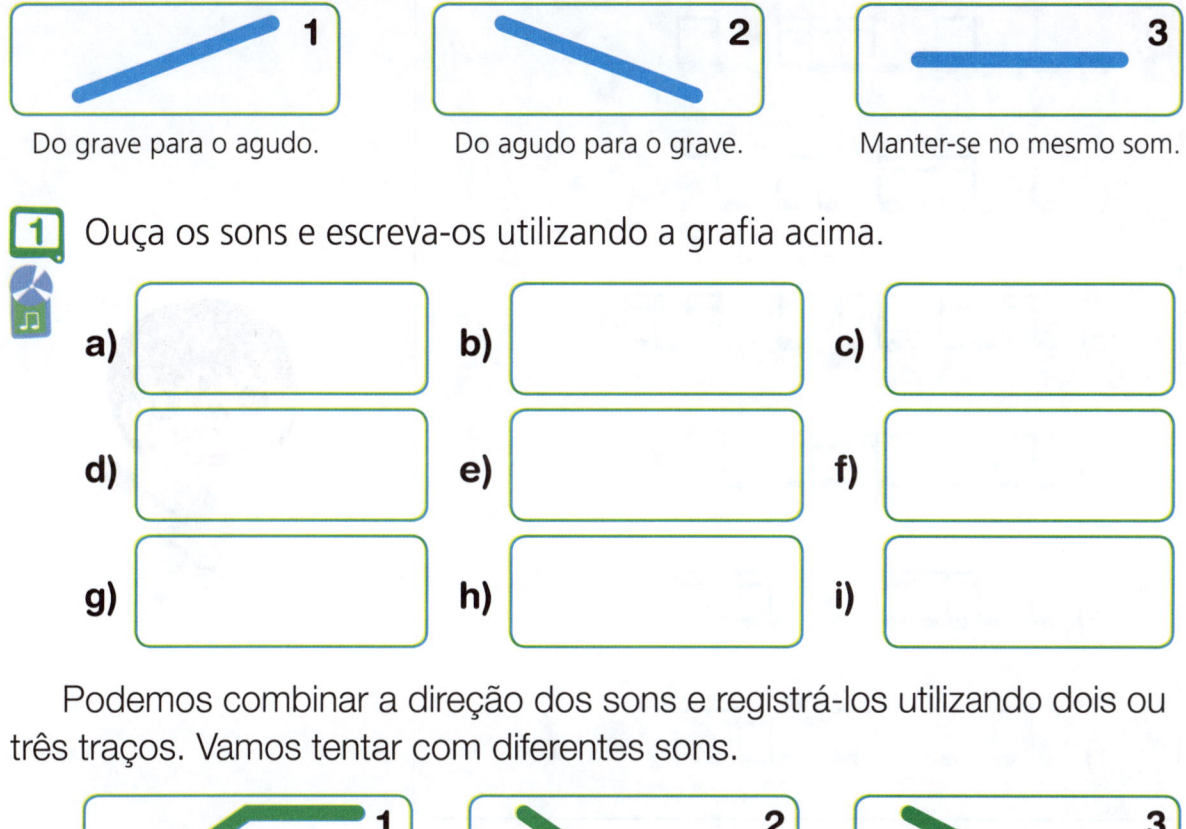

1 Ouça os sons e escreva-os utilizando a grafia acima.

a) **b)** **c)**

d) **e)** **f)**

g) **h)** **i)**

Podemos combinar a direção dos sons e registrá-los utilizando dois ou três traços. Vamos tentar com diferentes sons.

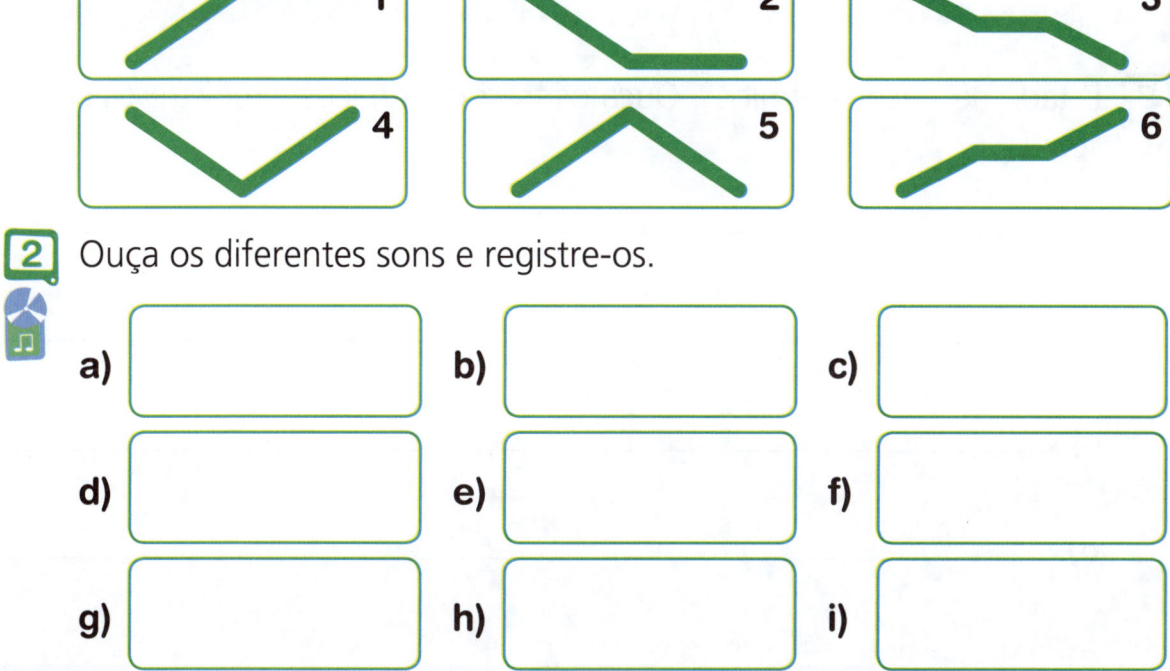

2 Ouça os diferentes sons e registre-os.

a) **b)** **c)**

d) **e)** **f)**

g) **h)** **i)**

Revisando...

1. Execute os seguintes trechos rítmicos.

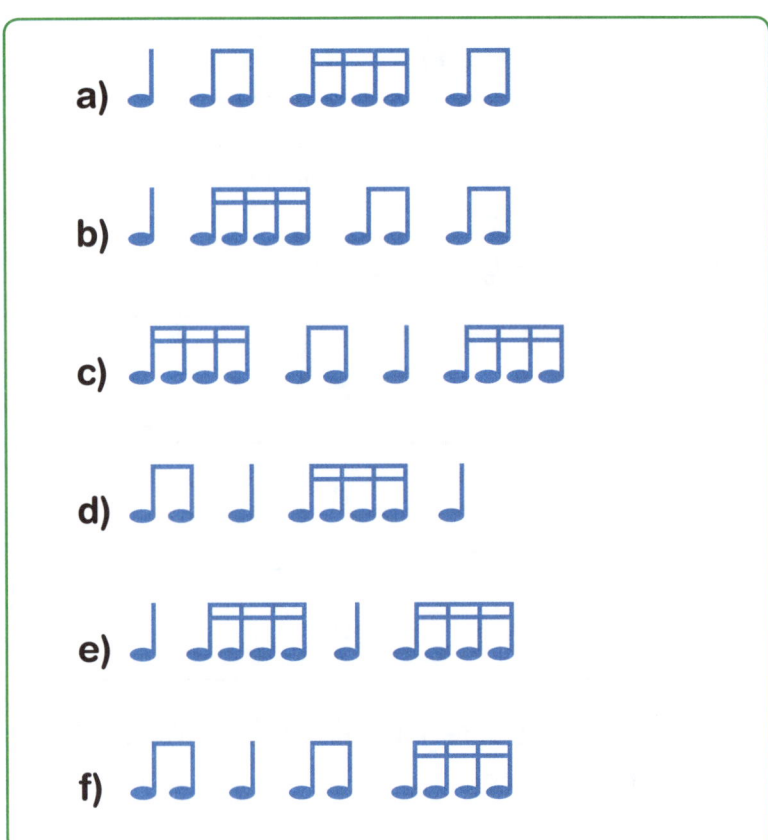

2. Ditado de trechos rítmicos. Ouça os trechos rítmicos e registre-os a seguir.

a) _____

b) _____

c) _____

d) _____

e) _____

Altura dos sons

1 Nós já trabalhamos os sons graves e agudos, a direção do som, sons ascendentes e descendentes. Agora vamos trabalhar dois sons de alturas diferentes. Numere o trecho melódico de acordo com a sequência que você irá ouvir.

a)

b)

c)

d)

e)

f)

2 Escolha uma forma para representar os sons que você irá ouvir. Pode ser um desenho, uma letra, ou outro sinal qualquer. Registre-os segundo a sua altura.

a)

b)

c)

d)

e)

f)

3 Ouça as músicas e represente graficamente o trecho melódico solicitado.

a) *Serra, serra, serrador*

SER-RA, SER-RA, SER-RA-DOR

b) *Unidunitê*

U-NI-DU-NI-TÊ, SA-LA-MÊ MIN-GUÊ

 4 Você ouvirá trechos melódicos. Verifique se estão corretos (C) ou errados (E).

a)  b)

c)  d)

e)  f)

LIÇÃO 8

Ritmo e altura

Podemos combinar os sons de alturas diferentes com as figuras rítmicas. Observe o exemplo a seguir.

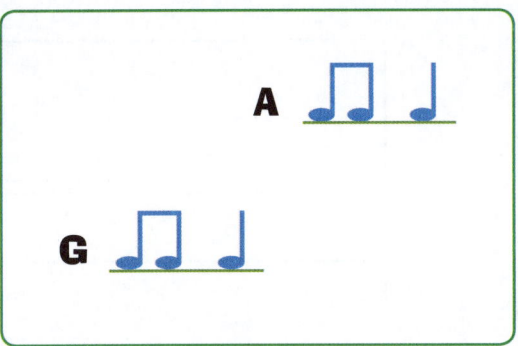

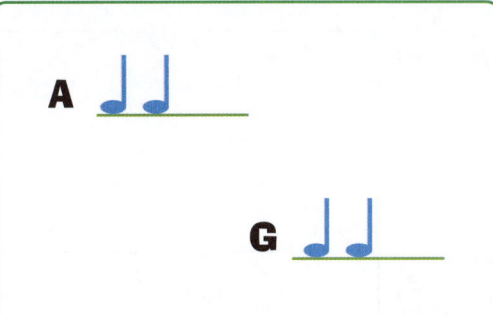

 Numere a sequência que você ouviu.

a)

b)

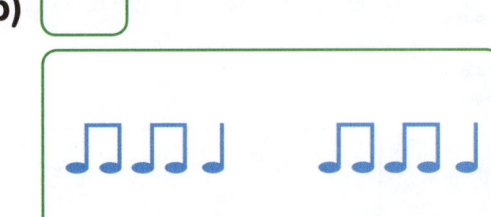

c)

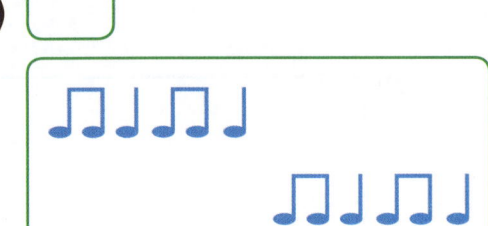

d)

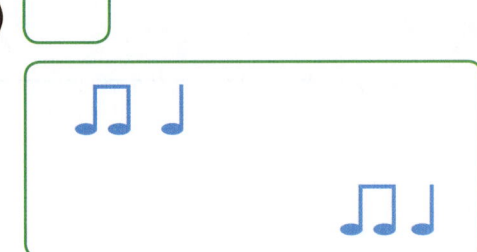

e)

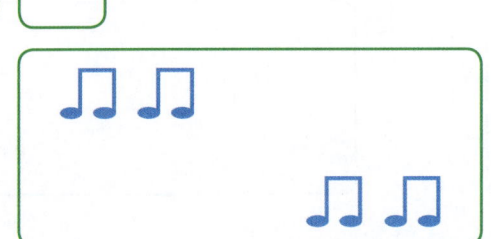

f)

2 Escreva as células rítmicas de acordo com as indicações sons graves e agudos.

a) _____
   _____

b) _____
   _____

c) _____ _____

d) _____
   _____

e) _____
   _____

f) _____
   _____

3 Escreva os sons ouvidos, graves ou agudos, e as células rítmicas de cada trecho musical.

a)

b)

c)

d)

e)

f)

LIÇÃO 9

Os instrumentos musicais

Como já vimos, os instrumentos musicais são divididos em grupos chamados famílias. O tambor, por exemplo, pertence à família da percussão. Já o violino, o violão e o piano são da família das cordas. O trompete faz parte da família dos metais, e a flauta é da família dos instrumentos de madeira. E todos compõem a grande família dos instrumentos musicais!

Os instrumentos musicais também se agrupam de diferentes formas para tocar em diferentes gêneros de música. Por exemplo: em um grupo de *rock*, geralmente temos instrumentos como guitarra, contrabaixo, bateria e um vocalista. Em um grupo de choro podemos ter violão, violão de sete cordas, bandolim, pandeiro, flauta transversal ou clarinete. Na música erudita vemos ou ouvimos uma orquestra com violinos, violas, violoncelo, contrabaixo, flauta, clarinete, oboé, fagote, tuba, trombone, trompete, trompa, tímpanos, carrilhão, piano e muitos outros instrumentos. Cada gênero de música tem as suas características próprias e usa combinações diferentes de instrumentos.

- Ouça músicas de diferentes gêneros e descubra os instrumentos musicais que nelas aparecem:

    a) Gênero: _____

    Instrumentos: _____

    _____

    b) Gênero: _____

    Instrumentos: _____

    _____

c) Gênero: _____

Instrumentos: _____
_____

d) Gênero: _____

Instrumentos: _____
_____

1. FAMÍLIA DAS CORDAS

Nós já estudamos a família das cordas. Vamos revisar algumas coisas? Você gosta de instrumentos de cordas? Que tal uma guitarra ou um violão? Todos os instrumentos dessa família possuem cordas. As cordas produzem som das seguintes maneiras: friccionadas por um arco, como é o caso do violino e do violoncelo; pinçadas com os dedos ou com uma palheta, como a guitarra e o violão; ou marteladas, como no caso do piano – quando uma tecla é pressionada, um pequeno martelo bate na corda, emitindo som.

Veja alguns exemplos de instrumentos da família das cordas: guitarra, baixo, violão, violino, violoncelo, contrabaixo, piano, cravo, harpa, banjo, violão de sete cordas etc.

Guitarra

Violão

Violino

Harpa

Piano

2. FAMÍLIA DAS MADEIRAS

Flauta doce

Você já ouviu passarinhos cantando? Os instrumentos da família das madeiras produzem sons suaves que parecem até passarinhos cantando. Os instrumentos dessa família são instrumentos de sopro e produzem o som pela vibração de uma coluna de ar. No entanto, o timbre do instrumento (som que irá produzir) dependerá de como foi produzido o som. Apenas uma coluna de ar não irá produzir vibração necessária para produzir um som. É preciso então que o ar encontre uma borda ou uma palheta para que ela vibre e produza sons – as notas musicais.

O som pode ser produzido por meio de palheta simples (uma) ou dupla (duas), que é acoplada na boquilha (boca) do instrumento, onde o instrumentista irá "soprar" o ar, ou seja tocar, fazendo que a palheta vibre. Exemplos de instrumentos com palhetas: clarinete, saxofone, oboé, fagote etc.

Outro modo de produzir som é a vibração do ar contra uma aresta, por exemplo, a flauta doce, a flauta transversal etc.

A maioria dos instrumentos dessa família é feita de madeira, entretanto, alguns instrumentos podem ser feitos de ebonite (flauta doce), de metal (flauta transversal), de marfim ou outros materiais. Então, como instrumentos feitos de metal podem fazer parte da família das madeiras? É porque com o passar do tempo a madeira foi substituída por outros materiais.

Oboé

Podemos ver os instrumentos da família das madeiras na orquestra, mas também encontramos em grupos de choro, por exemplo, a flauta transversal ou o clarinete. Na música popular, também não é difícil encontrar grupos que usam flauta transversal.

Instrumentos: flauta doce, flauta transversal, clarinete, oboé, fagote, saxofone.

Flauta transversal

LIÇÃO 10

3. FAMÍLIA DOS METAIS

Os instrumentos dessa família são feitos de metal. Antigamente eram feitos de cobre, hoje são feitos de latão (uma liga de cobre e zinco), podendo ser prateados ou dourados.

Quem já viu uma banda conhece bem os sons desses instrumentos, que emitem sons alegres e vibrantes.

Para tocar um instrumento de metal o músico precisa fazer os seus lábios vibrarem no bocal do instrumento. Parece fácil, não é? Mas é preciso muito treino e disciplina.

Veja alguns exemplos de instrumentos da família dos metais: trompete, trombone, trompa, tuba, corneta.

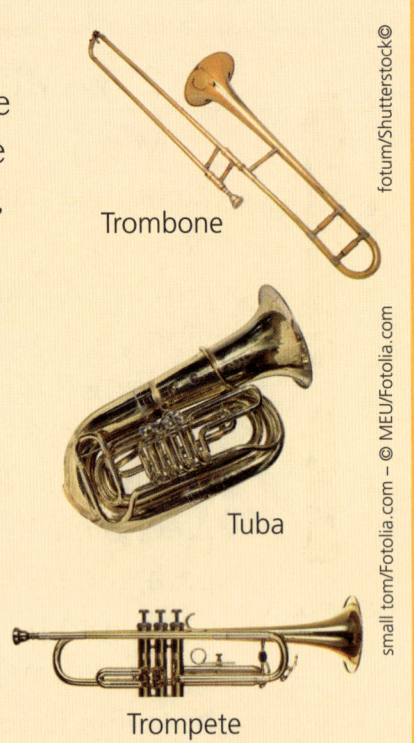
Trombone
Tuba
Trompete

4. FAMÍLIA DA PERCUSSÃO

Os instrumentos de percussão são fáceis e divertidos de tocar, basta balançar ou bater com as mãos ou baquetas. Você se lembra de algum instrumento dessa família? Pensou em tambor, triângulos ou chocalho? Acertou! O prato também faz parte dela, basta bater um contra o outro para fazer um barulho e tanto.

Esses instrumentos são muito antigos. Eram utilizados em rituais religiosos, em festividades, como meios de comunicação, para estimular os trabalhos nos campos e em outras atividades. A música e a dança são as manifestações artísticas mais antigas da humanidade, afinal de contas, quem não gosta de cantar e dançar uma boa música?

Veja alguns exemplos de instrumentos da família da percussão: pandeiro, tambor, xilofone, triângulo, bateria, pratos, chocalho, tímpano etc.

Xilofone
Triângulo
Tambor

Pandeiro

Fonte de pesquisa: < http://www.smartkids.com.br/especiais/instrumentos-musicais.html > . Acesso em: 21 out. 2013.

1 Ouça os instrumentos musicais e classifique-os segundo a sua família.

a) Família _____

b) Família _____

c) Família _____

d) Família _____

e) Família _____

f) Família _____

2 Ouça os instrumentos musicais e registre o nome de cada um deles.

a) _____ d) _____

b) _____ e) _____

c) _____ f) _____

3 Cite um instrumento que emite som agudo de cada uma das famílias.

a) Família das cordas: _____

b) Família das madeiras: _____

c) Família dos metais: _____

d) Família da percussão: _____

4 Cite um instrumento que emite som grave de cada uma das famílias.

a) Família das cordas: _____

b) Família das madeiras: _____

c) Família dos metais: _____

d) Família da percussão: _____

LIÇÃO 10

5 Ouça os sons dos instrumentos e numere-os na sequência que ouviu. A seguir, escolha quatro cores, uma para cada família de instrumentos, e circule-os com essa respectiva cor.

☐ Família das cordas.

☐ Família das madeiras.

☐ Família dos metais.

☐ Família da percussão.

Oboé	Triângulo	Piano	Tambor
Trompa	Harpa	Flauta doce	Trombone
Pratos	Clarinete	Fagote	Contrabaixo
Pandeiro	Xilofone	Violino	Trompete

LIÇÃO 10

6 Observe o nome dos instrumentos na tabela. Você irá ouvir o som de cada um deles. Registre o nome segundo a propriedade do som: grave ou agudo.

| flauta transversal | clarinete | trompa | violino | contrabaixo |
| oboé | fagote | tuba | violoncelo | triângulo |

Grave

_____

_____

_____

_____

Agudo

_____

_____

_____

_____

7 Observe o nome dos instrumentos no quadro e classifique-os segundo a sua família.

flauta doce	fagote	contrabaixo	xilofone
viola	harpa	piano	trompete
oboé	tuba	tímpano	triângulo
prato	violino		
clarinete	violoncelo	bumbo	trompa

Cordas   Madeiras   Metais   Percussão

LIÇÃO 10

LIÇÃO 11

Noel Rosa

Capa do disco *Noel por Noel*, lançado em 1971.

O compositor e músico Noel de Medeiros Rosa nasceu em 11 de dezembro de 1910 e morreu em 4 de maio de 1937. Seu pai se chamava Manoel Garcia de Medeiros Rosa e sua mãe, Marta. Nasceu na rua Teodoro da Silva, número 30, no bairro de Vila Isabel, no Rio de Janeiro.

Por ser um bebê grande, teve problemas no seu nascimento, e isso resultou numa fratura da mandíbula. Noel Rosa ficou com o queixo torto, o que lhe dificultava a mastigação, e sempre o constrangia em situações sociais como em festas, por exemplo.

Aprendeu a tocar violão muito cedo, assim como a ler e escrever com sua mãe, que era professora. A 3ª e a 4ª séries estudou na Escola Pública Cesário Motta, em Vila Isabel. Depois continuou seus estudos no Colégio São Bento. Fez vestibular e foi aprovado para o curso de Medicina. Como já era músico atuando no grupo chamado "Os Tangarás", Noel desistiu do curso e passou a se dedicar somente à música, para desencanto da sua família, que queria vê-lo médico como o bisavô, o avô e o tio.

Em 1929, Noel escreveu as suas primeiras composições, *Minha viola* e *Toada do céu*, que foram gravadas por ele mesmo. Mas foi em 1930 que o sucesso chegou, com o lançamento da música *Com que roupa?*, um samba que virou um clássico da música brasileira.

Noel é considerado um compositor que fazia músicas com grande senso de humor. Abraçou o samba como estilo musical da maioria de suas músicas. Escreveu mais de trezentas músicas: *Com que roupa?*, *Bom elemento*, *Mulato bamba*, *Palpite infeliz*, *Feitio de oração*, *Feitiço da Vila*, *Conversa de botequim*, *Pra que mentir?* e muitas outras...

Tanto em seus dias quanto hoje, Noel Rosa é considerado um compositor brilhante, que soube cantar com humor os acontecimentos do dia a dia. Podemos encontrar livros, CDs e filmes que falam sobre a sua vida e obra.

Fontes de pesquisa:
Jairo Severiano. *Uma história da música popular brasileira*. São Paulo: Editora 34, 2008.
Simone Cit. *História da música popular brasileira para crianças*. Curitiba: Edição da Autora, 2006.

1 Marque as informações de acordo com o texto, utilizando **V** para verdadeira e **F** para falsa.

a) ☐ O compositor e músico Noel Rosa faleceu ainda jovem, com 26 anos de idade.

b) ☐ Ele nasceu no ano de 1910 e faleceu no ano de 1947.

c) ☐ Noel Rosa teve problemas no seu nascimento. Por isso ficou com o queixo torto, o que lhe dificultava a mastigação.

d) ☐ Aprendeu a tocar violino desde muito cedo com sua vizinha, D. Ana, que era professora de música.

e) ☐ Desde cedo foi para a escola. Fez a 1ª e a 4ª séries na Escola Pública Cesário Motta, em Vila Isabel.

f) ☐ Fez vestibular e foi aprovado para o curso de Medicina, mas logo o abandonou para se dedicar à música.

g) ☐ Em 1931, Noel escreveu as suas primeiras composições, *Minha viola* e *Toada do céu*, que foram gravadas por ele mesmo.

h) ☐ Foi somente em 1935 que o sucesso chegou, com o lançamento da música *Com que roupa?*.

i) ☐ Noel é considerado um compositor bem--humorado, que fazia músicas, principalmente samba, com grande senso de humor.

j) ☐ Escreveu mais de trezentas músicas: *Com que roupa?*, *Bom elemento*, *Mulato bamba*, *Palpite infeliz*, *Feitio de oração*, *Feitiço da Vila*, *Conversa de botequim*, *Pra que mentir?* e muitas outras...

2 Marque a sequência correta das respostas:

a) ◯ V V F V F V F F V F

b) ◯ V F V F F V F F V V

c) ◯ F V F V F F V V F F

d) ◯ F F V V F V F V F V

3 Complete as frases:

a) O primeiro instrumento que Noel Rosa estudou foi _____

_____.

b) Noel Rosa escreveu mais de trezentas músicas, principalmente

_____.

Noel Rosa escreveu muitos sambas. Você sabe como surgiu o samba e quais os instrumentos utilizados nesse gênero de música? O samba se originou de danças e ritmos de origem africana e hoje é considerado o ritmo nacional.

O samba é tocado com instrumentos de percussão e acompanhado por instrumentos de corda e, algumas vezes, de sopro: pandeiro, surdo, tamborim, tantã, cuíca, cavaquinho, violão e trompete.

Tantã

Violão

Cuíca

Trompete

Surdo

Pandeiro

Tamborim

Cavaquinho

Alno/W. Commons, Gelpi/Shutterstock, © MEU/Fotolia.com, Alno/W. Commons, Arturo Limon/Shutterstock, Patrick E. Fraser/Shutterstock, Hlen/W. Commons

40

LIÇÃO 11

4 Observe a imagem a seguir e responda às questões.

Roda de samba, Mara D. Toledo. 2005. Óleo sobre tela, 50 cm × 70 cm.

a) Qual o tema dessa obra de Mara Toledo?
___

b) O que as pessoas estão fazendo?
___

c) Onde elas estão?
___
___

d) Quais os instrumentos que aparecem na imagem?
___

e) Que gênero de música é possível imaginar que elas estão tocando?
___

LIÇÃO 11

5 Ouça a música *Com que roupa?*, de Noel Rosa, e responda:

a) Quais os instrumentos que aparecem na música?
_____
_____

b) Podemos ouvir um instrumento solista? Qual?
_____
_____

c) Qual o gênero da música?
_____
_____

6 Ouça a música *Feitiço da vila* e responda:

a) Quais os instrumentos que aparecem na música?
_____
_____

b) Há instrumentos solistas? Quais?
_____
_____

c) Qual o gênero da música?
_____

LIÇÃO 12

Intensidade musical

A música, arte que lida com o som, tem quatro propriedades:

1. **Duração:** quando estudamos as figuras rítmicas, como, por exemplo, a semínima, a colcheia e a semicolcheia, estamos falando da duração do som.

2. **Altura:** quando estudamos sons graves, agudos, diferentes notas, sons ascendentes, descendentes, estamos falando da altura do som.

3. **Timbre:** quando estudamos os instrumentos musicais e os sons produzidos por eles, estamos falando do timbre.

4. **Intensidade:** é o que vamos estudar agora e se refere à propriedade de o som ser mais fraco ou mais forte. Vamos ver um exemplo.

Quando ouvimos rádio ou qualquer aparelho de som que tenha volume, podemos mudar a "intensidade" da música conforme o nosso gosto, ou seja, podemos mudar o "volume" do som. Em certos momentos gostamos de ouvir música em som bem baixinho, em outros, em volume alto.

No entanto, quando falamos em "intensidade musical" estamos nos referindo à intensidade sonora (volume) com que, por exemplo, um compositor quer que seja executada uma nota ou um trecho musical. Mas na música não chamamos de "volume alto ou baixo", mas sim de **piano** e **forte**.

Há graduações de intensidade, e elas são indicadas pelo compositor com palavras italianas, mas as mais utilizadas são piano (p) e forte (f). Veja as indicações a seguir.

43

ppp – *molto pianíssimo*
pp – *pianíssimo*
p – *piano*
mp – *mezzo-piano*

mf – *mezzo-forte*
f – *forte*
ff – *fortíssimo*
fff – *molto fortíssimo*

Podemos utilizar sinais gráficos para indicar a intensidade (sinais de dinâmica):

< **Crescendo** – indica que devemos aumentar a intensidade sonora.

> **Diminuendo** – indica que devemos diminuir a intensidade sonora.

1 Observe os desenhos a seguir. Os maiores representam o som **forte** e os menores, o som **piano**. Vamos executá-los musicalmente, usando diferentes partes do nosso corpo: palmas, palmas nas pernas, estalos de língua, estalos de dedos etc.

☆ forte   ☆ piano

a) ☆ ☆ ☆ ☆☆ ☆

b) ☆ ☆ ☆ ☆ ☆ ☆

c) ☆☆☆ ☆ ☆ ☆

d) ☆ ☆ ☆☆ ☆ ☆

e) ☆☆ ☆ ☆ ☆☆

44

LIÇÃO 12

2 Ouça os sons e indique a intensidade **piano** ou **forte**.

a) _____

b) _____

c) _____

d) _____

e) _____

3 Vamos executar os sons conforme o indicado na "partitura" a seguir. O professor será o regente. Observe as instruções.

a) A turma deverá ser dividida em grupos. Cada grupo tocará um instrumento.

b) O grupo escolhe entre os instrumentos disponíveis: clavas, chocalhos, ganzá etc.

c) O grupo deve executar conforme a indicação da "partitura". Quando aparecer a estrela no seu instrumento, isto significa que deverá tocar conforme a sequência indicada.

d) A intensidade, que também chamamos de dinâmica musical, deve ser observada.

e) Se for necessário, pinte quando o seu grupo irá tocar.

INSTRUMENTO	1	2	3	4	5	6	7	8	9	10
INTENSIDADE	p	p	p	f	f	p	p	p	f	p
	☆				☆	☆			☆	
	☆			☆	☆		☆		☆	
	☆		☆		☆			☆	☆	☆
	☆	☆			☆				☆	

LIÇÃO 12

4 Dividam-se em grupos de quatro alunos. Cada aluno terá um instrumento musical. Escreva e execute a partitura, conforme as indicações de instrumento e de intensidade.

INSTRUMENTO	1	2	3	4	5	6	7	8	9	10
INTENSIDADE										

5 Na história da música, é possível encontrar vários compositores que utilizaram diferentes intensidades em suas composições. Mas, em cada período, a intensidade era utilizada de maneira diferente. Às vezes, apresentava grandes diferenças entre piano e forte, como nas músicas de Beethoven, por exemplo, e, outras vezes, poucas diferenças, como nas músicas de Bach. Ouça os trechos das músicas indicadas a seguir e perceba como os compositores trabalharam a intensidade.

a) *Sinfonia nº 3, Heroica*, de Ludwig Van Beethoven.

b) *Concerto de Brandemburgo nº 3*, de Johann Sebastian Bach.

6 Ouça algumas músicas e registre seu gênero e como a intensidade acontece.

a) Gênero: _____

Intensidade: _____

b) Gênero: _____

Intensidade: _____

c) Gênero: _____

Intensidade: _____

LIÇÃO 13

Músicas e brincadeiras do folclore infantil

Todas as crianças gostam de brincar. Há vários tipos de músicas e brincadeiras que são ensinadas de pais para filhos, às quais damos o nome de músicas e brincadeiras folclóricas.

Folclore é um saber que vem do povo, é um saber passado de geração em geração. A comida, a dança, a música, a brincadeira, as festas típicas fazem parte do folclore de um povo. Vamos falar um pouco sobre o folclore musical infantil, isto é, sobre as músicas que as crianças cantam.

Em diferentes partes do Brasil (Sul, Sudeste, Centro-Oeste, Norte e Nordeste) as crianças brincam com músicas que fazem parte do folclore musical do seu estado ou da sua região. Peça auxílio aos mais velhos e registre quais as músicas e as brincadeiras de quando eles eram crianças.

Músicas:

1. _____
2. _____

Brincadeiras:

1. _____
2. _____

VAMOS PESQUISAR

1. Vamos descobrir algumas músicas e brincadeiras do seu estado ou da sua região. Pesquise e registre.

_____
_____
_____

Referências

CIT, Simone. *História da música popular para crianças*. Curitiba: Edição da Autora, 2006.

PANNAIN, Elce. *Evolução da teoria musical*. 1 ed. São Paulo: Ricordi, 1975.

SEVERIANO, Jairo. *Uma história da música popular brasileira*. São Paulo: Ed. 34, 2008.

Site:
Educação Infantil – Smartkids. Disponível em: <http://www.smartkids.com.br/especiais/instrumentos-musicais.html>. Acesso em: 21 out. 2013.

Sugestões de leitura

Coleção crianças famosas: Bach, Handel, Mozart, Chopin, Villa-Lobos, Hayden, Brahms, Schubert, Schumann e Tchaikovsky. Susan Hellard, Ann Rachlin. São Paulo: Callis, 1993-2010.

Coleção mestres da música: Beethoven, Tchaikovsky, Bach, Mozart. Mike Venezia. São Paulo: Moderna, 1999.

Coleção mestres da música no Brasil: Chiquinha Gonzaga, Caetano Veloso, Pixinguinha, Gilberto Gil, Chico Buarque, Villa-Lobos. Vários autores. São Paulo: Moderna, 2002-2006.

História da música em quadrinho. Michael Sadler, Denys Lemery e Bernard Deyries. São Paulo: Martins Fontes, 2010.

História da música popular brasileira para crianças. Simone Cit. Curitiba: Edição da Autora, 2006.

A orquestra tintim por tintim. Liane Hentschke, Susana Ester Kruger, Luciana Del Ben, Elisa da Silva e Cunha. São Paulo: Moderna, 2005.